ČUVAR DUŠA

Čuvar duša

ALDIVAN TORRES

Canary Of Joy

CONTENTS

1- 1

Čuvar duša
　　　　Aldivan Torres
Čuvar duša

Autor: Aldivan Torres
© 2018-Aldivan Torres
Sva prava pridržana

Ova e-knjiga, uključujući sve njezine dijelove, zaštićena je autorskim pravima i ne može se reproducirati bez odobrenja autora, preprodati ili preuzeti.

Aldivan Torres konsolidirani je pisac u nekoliko žanrova. Do danas ima naslove objavljene na devet jezika. Od malih nogu uvijek je bio zaljubljenik u pisanje, konsolidiravši profesionalnu karijeru od druge polovice 2013. Nada se da će svojim tekstovima pridonijeti pernambučkoj i brazilskoj kulturi, probudivši zadovoljstvo čitanja onima koji to čine još nemaju naviku. Vaša je misija osvojiti srca svakog vašeg čitatelja. Uz književnost, glavni su joj ukusi glazba, putovanja, prijatelji, obitelj i užitak življenja. "Za književnost, jednakost, bratstvo, pravdu, dostojanstvo i čast ljudskog bića uvijek je" njegov moto.

„Marija je ona kula Davidova, o kojoj Duh Sveti govori u svetim Pjesmama: 'Utvrde se uzdižu oko nje; ovješeno je tisuću štitova i svo oružje hrabrih. Ti si dakle Blažena Djevica - kako kaže sveti Ignacije Mučenik - 'neprolazni štit za one koji sudjeluju u borbi' ".

(Sv. Alphonsus Maria de Ligório)

Knjiga ukazanja Djevice Majke Božje

Gospa od Stupa
Zaragoza-Španjolska-AD 40

Četrdeset godina nakon Kristove smrti židovske elite okrutno su progonile kršćanski pokret, a mnogi su kršćani mlatili, zatvarali i čak ubijali. Kao alternativu ovom otporu, poslali su misionare u druge regije kako bi proširili širenje božanske riječi.

Sveti Jakov Major imao je zadatak propovijedati u Španjolskoj, zemlji smještenoj u južnoj Europi. Prije odlaska, međutim, savjetovao se s Djevicom Marijom, koja se smatrala majkom apostola. Njih su dvoje bili vrlo povezani zbog vjere i srca i nisu se mogli razdvojiti bez formalnog ispraćaja.

Dana i vremena zajedno, točno u Efezu, u kući presvete majke, dogodio se dugo očekivani susret.

"Došao sam se oprostiti i zamoliti za savjet, majko moja", rekao je St. James prilazeći djevici Majci.

"Moje srce raduje se tvojoj posjeti, dobri sine. Gle, morate zadržati svoju vjeru, biti spremni na poteškoće, energično, snažno i duhom propovijedati riječ među poganima. Želim da znaš moje puno povjerenje u njihove sposobnosti ", odgovorila je Mary.

"Zahvaljujem na riječima, blagoslovljena! Kakav mi signal dajete o mom odlasku u Španjolsku? "Pitao je James.

"U pravo vrijeme, vidjet ćeš. Sada mi je želja da u moje ime sagradite Crkvu u Španjolskoj - upitan prosvijetljeni.

"Vaš će zahtjev biti uslišen. Sad me pustite, jer put je dug ", rekao je James.

"Idi u Kristovu miru, sine", poželjela je Marija.

"Budi također u miru, majko moja", rekao je James.

James je započeo dugo putovanje Europom. Po dolasku u obećanu zemlju bio je neumoran u svom apostolskom radu. U Zaragozi, hladne noći, sastajao se sa svojim učenicima kad su ga iznenadili glasovi koji su vikali: „Zdravo Marijo, Puna Milosti! U kasnijem je trenutku kleknuo pred ukazanjem koje je vidio: Mnoštvo Anđela okružilo je presvetu Majku koja je sjedila na mramornom stupu.

Skupina je recitirala snažno zanatstvo, oduševljavajući prisutne koji su pomogli u pogubljenju. Na kraju ovog događaja, Isusova majka kontaktirala je:

„Evo, sine moj, mjesto je obilježeno i predodređeno za moju čast, u kojem, uz vašu brigu i u moje sjećanje, želim da se izgradi Crkva. Drži ovaj stup na mjestu na kojem sjedim jer su ga moj sin i tvoj gospodar poslali s neba rukom anđela. Pored njega položit ćete oltar kapelice i u njemu će djelovati vrlina najviših predznaka i čudesa moga zagovora kod onih koji, u svojim potrebama, mole moje pokroviteljstvo, a ovaj će stup ostati ovdje do kraja svijeta i nikada u ovom gradu neće nedostajati pravih kršćana koji poštuju ime Isusa Krista, moga sina.

„Neka tako bude, moja majka - Prometej Jakov.

Anđeli su ugrabili Nebesku damu ostavljajući je opet u svojoj rezidenciji. Prema narudžbi, kapela posvećena prosvjetljenima počela se graditi s učenicima svetog Jakova kao savjetnicima jer se kretala prema Jeruzalemu. Usput je još jednom posjetio svetu djevicu, svoju najbolju prijateljicu. Kad se suočila s njom, njih dvoje su se zagrlili i na kraju ove akcije započeli razgovor.

"Kako si, majko moja? "Pitao je James.

„Bolje sada s tvojom prisutnošću, sine srca. Kakve dobre vijesti donosite iz Španjolske?

"Tamo su se stvari smirile. Na vaš zahtjev gradi se vaša Crkva - St. James je obavijestio.

"Presretan sam što je to vijest. Bog naš Gospodin je zadovoljan tvojim radom, sine moj. Ali još nije gotovo. Imao sam loš pogled na tebe. Molim se za tvoje najbolje ", rekla sam rastužena, Mary.

"Kako su točno izgledale te vizije? „Htio sam znati znatiželjnog Isusova apostola.

"Vidio sam kako dolazi njegova smrt. Zamolimo snagu od našega dobrog Boga i prihvatimo neizbježno - prorekla je Marija.

"Spreman sam! Ne smeta mi da umrem za svog Gospodara. Što vrijedi život bez Isusa? Odgovaram sebi: Ništa! "James je odgovorio.

"Divim se vašoj hrabrosti. Prvo, želim da znate o mojoj ljubavi prema vama kao duhovnom sinu - otkrio je svetac.

"Osjećam se isto kao što si ti bila moja prava majka. Smrt nema moć da nas razdvoji, a još manje uništi našu ljubav - objavljeno je Jamesu.

Dok su jahali, opet su se zagrlili i poljubili. U tom kritičnom trenutku odluke otvorili su srce jedno drugome kao nikada prije. To je kao što su rekli. Ništa nije moglo uništiti njihovu bratsku ljubav.

Napokon, opraštajući se, James je nastavio put do Jeruzalema gdje su ga na kraju ubili njegovi protivnici. Pridružio se nebrojenim mučenicima koje je kršćanstvo učinilo zbog vjerskih progona.

Čudo Gospe od stupa

Bilo je to 1637. godine. Miguel Juan Pellicer bio je mladi španjolski seljak koji je radio na mjestu svog ujaka u regiji Castellón. Kad je otišao na posao, pogodio ga je udarac i bijeg, što rezultira sakupljanjem vaše noge. Čim ga je stric pronašao kako leži do zemlje, prebačen je u bolnicu u gradu Valenciji gdje je imao hitnu pomoć.

Njegova je situacija bila ozbiljna i kako je u to vrijeme imao malo medicinskih sredstava, poslan je u Zaragozu. U to joj je vrijeme desna noga već bila izrasla i jedino rješenje bilo je amputirati je. Prošlo je nekoliko mjeseci, a on je ostao u bolnici na liječenju. Kad je otpušten, počeo je živjeti na ulici u gradu Zaragoza. Svakodnevno je sudjelovao u misama i postao pobožan Gospe.

Dvije godine kasnije, odlučio se vratiti kući. Njegova se obitelj obradovala što te vidi. Međutim, kako sam bio bez noge, nisam im mogao pomoći na poslu što je na neki način rastužilo tog mladića toliko punog života.

Jedne su noći dočekali konjaničkog vojnika koji je prolazio tim područjem. Ponudili su mu večeru i prenoćište jer je noć već bila rana. Posjetitelju je bilo ugodno u Miguel sobi, a dječak je premješten u sobu svojih roditelja.

Ujutro, kad su se probudili, osjetili su jak miris ruža u sobi i dok su odvraćali pogled prema sinu, primijetili su u njemu nešto sasvim novo: na kraju njegova tijela bila su prikazana dva metra. Svi su vrisnuli od iznenađenja i dok sam ga budio, on je vibrirao od radosti. Smjesta ga je izliječio zagovor Gospe čiji je bio pobožan. Vijest koja se proširila cijelom regijom dokazala se kao pravo čudo.

Gospa Snježna
Rim - godina 352

U to su vrijeme u Rimu živjeli uspješni bračni par i njihove zapovijedi. Iz razloga neplodnosti nisu mogli imati djece i nisu imali nikoga tko bi ostavio svoje veliko bogatstvo odlučili su ga dati Crkvi u posvetu Blaženoj Djevici.

Razmišljajući o ovom projektu jedne noći usnio je san gdje mu je Gospa prenijela sljedeću poruku:

-Ujutro sagradite baziliku na brdu gdje će sutra padati snijeg.

Bio je mjesec kolovoz, u regiji je bilo prilično vruće. Čudesnim djelom Djevice Marije sniježio je potpuno pokrivajući snijegom planinu Esquilino. Vijest se ubrzo proširila svijetom zapanjujućom prisutnošću kršćanske elite koja je posjetila stranicu. Prema želji Djevice, Crkva je sagrađena dajući joj ime "Gospa od Snijega" zbog intrigantnog klimatskog fenomena koji se tamo dogodio.

Gospa od Walshingham

Engleska- AD 1061

Smatran engleskim nacionalnim svetištem štovanja Gospe, Walshingham predstavlja lijepu priču među mnogima povezanima s majkom Božjom. Da provjerimo?

Presveta Marija ukazala se u snovima Richeldis iz Faverches odvodeći ga duhovno u njegovu kuću u Nazaretu. U to je vrijeme snažno zatražio izgradnju slične kuće u Walshingham. Kad se ovaj san ponovio tri puta, napokon je sluga djevice stavio zahtjev na svoje mjesto.

S poteškoćama u dovršenju djela zbog mjera, pribjegao je nevolji svecu. Za čudo se u blizini mjesta pojavilo svetište. Tada su započele mise, apostolski sastanci i molitvene skupine koje su se tamo okupljale. U tim se trenucima izvještava o bezbroj izlječenja, čuda i izbavljenja.

Vijest o svim tim činjenicama obišla je zemlju dovodeći na mjesto mnogo hodočasnika. Kapele su podignute prema svetištu, a trenutno ih još uvijek postoje dvije: kapela Gospe od Crvenog brda i "kapela papuča".

U ispričanoj priči bilo je vrijeme kada je to štovanje bilo progonjeno što je kulminiralo uništenjem Marijine slike. Tri stoljeća kasnije, ova drevna tradicija ponovno se pojavila pojavom različitih skupina koje podržavaju predanost. Kao rezultat toga, preradili su sliku, uz rekonstrukciju i povećanje onoga što je ostalo od hrama.

Kroz Walshingam, ime naše dame se uvećava u Engleskoj, a kao nagradu naša voljena majka izvrsno se brine o za njegove engleske sluge s nesagledivom slatkoćom.

Gospa od krunice

Prouille, Francuska (1208)

Bio je nedjeljni dan. Kao i obično, propovjednik Domingos de Gusmão, borac prije krivovjerja, bio je na koljenima moleći se u kapelici Prouille. U najžešćem trenutku molitve, gle, oblak se spušta u njezin hram ostavljajući lijepu ženu rumenih i svijetlih lica. Rekla mu je:

"Ja sam Mary. Dolazim vam dati krunicu, ključ mira i ljudskog spasenja. Nadalje, drago mi je što ga molite svaki dan u čast mog imena. Učini to i obećavam ti pad neprijatelja i hereza. Prenesite ovo drugoj braći. "

Pruživši ruke, predao je komad i nasmiješio se. Kao odgovor, sluga je pružio:

"Učinit ću ono što imam u svojoj moći! Vaša će se želja ostvariti. "

Žena se vratila u oblak i bila uzdignuta do najvišeg neba nestajući od pogleda njenog sluge. Domingos de Gusmão nastavio je svoj posao što je rezultiralo uklanjanjem hereza. Još jednom je Marijino srce trijumfiralo!

Gospe od Karmela

Aylesford, Engleska (1251.)

Mauri su poduzeli snažan progon kršćana. U tom kontekstu, karmelićani koji su boravili na planini Karmel masakrirani su od svojih neprijatelja. Oni koji su se uspjeli spasiti sklonili su se u Englesku oko 1238. godine.

Mjesto koje je izabrano za osnivanje samostana bio je Aylesford, regija velikih prirodnih ljepota. Još jednom su se suočili s otporom prema svom načinu života i svojim uvjerenjima. Uz ovo, jedina mogućnost koja im je preostala za preživljavanje bila je molitva. Upravo je taj put slijedio prethodnog generala karmelićana poznatog kao Sveti Šimun Štok.

Tradicija kaže da je u noći intenzivnih molitava pribjegao zaštiti Djevice Majke od nevolja. Jedna od tih molbi bilo je ovo slavno pjevanje:

"Sjaj neba. Neusporediva djevica majka.
Slatka Majko, ali uvijek Djevica,
Budi ugodna karmelićanima, o Zvijezdo mora. "

U trenutku kad je izgovorio ovu molitvu, djevica se pojavila okružena anđelima. Ispružio je ruku i pružio mu krunica izreku:

„Primite mog voljenog sina, ovog krunica vašeg Reda, znak moje ljubavi, privilegija za vas i za sve karmelićanine: tko umre s njim, neće biti izgubljen. Ovdje je znak mog saveza, spas u opasnosti, savez mira i vječne ljubavi.

"Hvala ti, draga majko. Obećavam da ću ovaj simbol proširiti među braćom karmelićanima, a time i širom svijeta. Na taj će se način njegovo ime još više proslaviti među grešnicima - rekao je Simon Stock.

"Neka se vaše riječi obistine! Samo budi u miru! "Djevica Majka je poželjela.

To je rekao, uskrsnuo je zajedno s anđelima do blagoslovljenog neba. Od pojave sveca, karmelićani više nisu bili progonjeni sa svim kršćanima koji su željeli širiti upotrebu krunica. Ovo je bilo još jedno čudo Isusove majke.

Gospa od planine Bérico

Vicenza-Italija-1426

U razdoblju 1404. - 1428. grad Vicenza patio je od jedne od najvećih zdravstvenih kriza svih vremena. Mnogi koji su pokušavali pobjeći od kuge ostavili su za sobom čitavu baštinu i kulturnu povijest. U tom je okruženju neizvjesnosti božja ruka djelovala čvrsto.

U to je vrijeme u gradu živjela dama po imenu Vincenza Pasini. Svaki se dan penjala na planinu Bérico uzimajući hranu supruga čiji je posao bio brinuti se za vinograd. U jednoj od tih prilika, kad je stigla na vrh brda, pred njom se pojavila sjajna žena odjevena u svečanu haljinu kao da je kraljica. Uplašen, odani kršćanin pao je na zemlju pred tolikim sjajem. Lijepa dama prišla je, otvorila osmijeh i smirila je pomogla joj ustati.

„Ja sam Djevica Marija, Kristova Majka koja je umrla na križu za spas ljudi. Molim vas da u moje ime odete do naroda Vicenze da na ovom mjestu sagradite crkvu u moju čast, ako želite povratiti svoje zdravlje; u protivnom, kuga neće prestati.

Sluga je bio statičan i sretan pred obećanjima. Dugo vremena stanovništvo je vapilo Bogu za milošću i na kraju je došla preko svoje majke. Međutim, još uvijek je bio u nedoumici kako dalje.

"Ali ljudi mi neće vjerovati. A gdje, o slavna Majko, možemo naći novca za te stvari?

„Inzistirat ćete na tome da ovaj narod izvršava moju volju jer u protivnom nikada neće biti izbavljen od kuge; i dok god ne posluša, vidjet će mog bijesnog sina protiv sebe. Da dokažu ono što kažem, neka ovdje kopaju, a iz masivne, neplodne stijene izlit će vodu; a nakon što gradnja započne, novca neće nedostajati.

"Što bismo trebali očekivati od gradnje svetišta?

„Svi oni koji s predanošću posjećuju ovu crkvu na moje blagdane i svake prve nedjelje u mjesecu imat će na dar obilje Božje milosti i milosrđa i blagoslov moje vlastite majčinske ruke.

"Sretna sam s vašom podrškom. Učinit ću onako kako vi zatražite.

"Dobro, žao mi je. Moram ići sada! Budi u miru!

„Neka tako bude!

Djevica je majka uzdahnula i postupno se dizala preko planine. Za nekoliko trenutaka potpuno je nestalo. Sama, vidovnjakinja se pobrinula za obveze svog dana. Čim možete, širite Gospinu poruku, međutim, vaši sunarodnjaci nisu podnijeli zahtjev za zahtjev. Bili su više zabrinuti za sebe nego za razmišljanje o odnosu s Bogom. Time se nastavila zdravstvena kriza.

Dvije godine kasnije, Božja se majka ponovno pojavila u istim okolnostima ponavljajući istu poruku. Poštujući preporuke, Božja je službenica proslijedila priopćenje i ovaj put je saslušana. Ubrzo nakon početka gradnje došlo je do djelomičnog poboljšanja zdravstvenog stanja grada, a završetkom radova došlo je do potpunog poboljšanja. Ovo pokazuje božansku providnost za vašu djecu. Neka se Marijinom imenu zahvaljuje sve više i više za ovog velikog čudesa u Italiji.

Gospa od Caravaggia

Italija-1432

Caravaggio je talijanska općina smještena na granici između država Milana i Venecije. Ovo je vrijeme bilo obilježeno političkim i vjerskim prepirkama, nemirima, progonima heretika i velikim zločinima. Uz to, doživio je buru rata između dviju država: Republike Venecije i Milanskog vojvodstva.

U tom katastrofalnom kontekstu dogodilo se ukazanje djevice Majke Božje. Bilo je to na livadi zvanoj Mezzolengo stradale seljanke po imenu Joaneta Varoli. Bila je u trenutku molitve kad je ugledala ženu kako se približava kraljičinu izgledu. Kako se približila, rekla je:

„Majka sam cijelog čovječanstva. Uspio sam zadržati od kršćanskog naroda zaslužene kazne božanske pravde i dolazim naviještati mir.

"Što bismo trebali učiniti da nas drže pod njegovom milošću? Pitali ste Joanetu.

„Vratite se pokori, petkom postite, molite se u crkvi u subotu popodne u znak zahvalnosti za izbavljenje kazni i na ovom mjestu sagradite kapelu u čast mog imena - pitala je Bezgrješna.

„Kakav znak daješ svojim ljudima da mogu vjerovati u njihove riječi? "Pitao je slugu.

"Ovaj! "Kaže Gospa.

Istog trenutka iz djevičjih nogu izvire izvor bistre vode.

"Tko god pije iz ove vode, postići će mir i ozdravljenje od svojih nemoći", božanska majka Prometej.

„Gospa, htio bih te pitati jedno: Svojim zagovorom kod našega dobrog Boga, ne bi li mogao završiti ovaj rat u našoj zemlji i spasiti dobru druželjubivost u Crkvi? -Klimnuo je glavom pokloniku.

"Svaki dan se molim za to, dijete moje. Za ovaj zadatak potrebna mi je vaša suradnja. Želim da se u moje ime suprotstavite vladarima koji traže pečat mirovnog sporazuma. S vjerom u našega Boga, uspjet ćemo. Mogu li računati na tebe? Pitala je čudotvornu Mariju.

"Svakako, moja majka. Ovaj ću zadatak ispuniti sa zadovoljstvom - uvjeravao je skromni mali.

"Drago mi je. Sad moram ići izvršavati svoje obveze u nebo. Samo budi u miru! "Marija je poželjela.

„Neka tako bude!

Joaneta se preselila s polja u svoj dom razmišljajući o svemu što je rekla Gospa. Nedugo zatim primijenio je kraljičin plan obilazeći suprotne strane rata i suprotnosti Crkve. Kao znak ukazanja Djevice, predstavljao je svetu vodu. Ovim su zabilježena mnoga čuda. S vremenom je uspio obnoviti mir u Italiji i u Crkvi.

Rajska Gospa

Rajska dolina-Portugal-1480

Jednog je dana pastir koji je redovito vodio svoja stada u regiji pronašao sićušnu Marijinu sliku blizu debla. Slika je odražavala bistru i svetu svjetlost zbog čega se pomalo bojao. Pokušavajući se približiti slici, nije mogao jer je svjetlost bila prilično intenzivna.

Zatim je otišao reći župniku svog grada što se dogodilo. Zajedno s njim, sišli su tražeći sliku. Ovaj su put uspjeli odnijeti sveti predmet lokalnoj Crkvi. Kad se to dogodilo, još je bio dio poslijepodneva s zatvaranjem hrama.

Noću, dok su otvarali vrata zgrade, pronašli su mjesto ostavljeno praznom slikom. Kad su krenuli u potragu, pronašli su sliku na istom mjestu kao i prije. Po drugi su put sliku vratili u svetište. Međutim, ova strategija nije pomogla jer je slika opet nestala. Pokušali su snimiti sliku po treći put s istim fenomenom. Tada su shvatili da je mjesto slike blizu trupca. Na tom mjestu sagradili su pustinjak u čast sveca. Od tada postoje izvještaji o mnogim čudima po Marijinu zagovoru. Rajska Gospa postala je poznata u Portugalu i širom svijeta.

Gospa od Guadalupe

Meksiko-1531

Otkriće Amerike dovelo je i do financijske rase i do vjerske rase čiji je cilj bio preobraćenje domorodaca. Juan Diego bio je jedan od posljednjih koji je imao posebnu pobožnost prema Gospi. Jedan od puta kada je hodao brdom Tepayac, susreo je lijepu ženu okruženu vrlo intenzivnom svjetlošću. Inicirala je kontakt:

"Juanito, najmanje moje dijete, saznaje da sam ja Marija, uvijek Djevica, majka istinskog Boga koji daje život i održava postojanje. Stvorio je sve stvari. Posvuda je. Nadalje, on je gospodar neba i zemlje. Želim da mi se na ovom mjestu sagradi hram, u kojem bi vaši ljudi mogli iskusiti moje suosjećanje, pomoć i zaštitu. Svi koji iskreno traže moju pomoć u njihovim nevoljama i bolovima, na ovom mjestu će znati moje majčinsko srce. Ovdje ću vidjeti tvoje suze; Tješit ću ih, a oni će naći mir. Dakle, sada trčite do Tenochtitlana i recite biskupu sve što ste ovdje vidjeli i čuli.

„Učinit ću onako kako vi mene tražite! "Prometej Juan.

"Sretna sam s tvojim riječima. Uz moj blagoslov, zasad se opraštam - govorila je naša majka.

Odmah je mladi autohtoni čovjek otišao da se pobrine za ispunjenje zahtjeva. U ovom se trenutku još uvijek bojao kako će prenijeti ovu važnu poruku i hoće li je biti dostojan. Bila je samo izvjesnost da će se potruditi u misiji. Po dolasku u palaču ujutro zakazao je razgovor s lokalnim biskupom.

Jutro je bilo gotovo i nadležni su ga primili tek kasno popodne. Njih su se dvoje upoznali u privatnom uredu palače, dobro uređenom mjestu s puno boja, slika i vjerskih skulptura. Suočivši se s klimom nepovjerenja, ponizni je sluga uzeo riječ:

„Gospodine biskupe, dolazim da vam govorim za našu Gospu. Želi izgradnju hrama na brdu Tepayac.

„Za Gospu? Kako se to dogodilo? -Upita znatiželjno biskup.

"Ona mi se sama pojavila na brdu prenoseći mi ove riječi", rekao je Astečki Indijac.

Biskup se nasmijao. Izgledi? Poganinu? Prema njegovom mentalitetu, da je osoba izabrana u Meksiku da primi ovu viziju, to bi bio on, a ne bilo koji Indijac. Zbog toga svojim riječima nije dao priznanje. Međutim, kako ne bi razočarao svoju vjeru, obećao je:

"Razmotrit ću zahtjev Gospe. Ako želite, možete me posjetiti u neko drugo vrijeme.

"U redu", odgovorio je Juan.

Napuštajući palaču, mali je sluga krenuo na brdo gdje se ponovno susreo s neobičnom damom. Bio je odlučan.

Molim te, Mary, odaberi nekoga drugog za ovu misiju. Biskup nikada neće slušati siromašnog Indijanca.

„Čuj, sine, najdraži: znaj u svom srcu da nema malo mojih slugu i glasnika, kojima bih mogao dati teret povjerenja u svoju misao i riječ da mogu ispuniti moju volju. Ali apsolutno je neophodno da sami odete razgovarati o tome, i to upravo svojim posredovanjem i pomoći da se moja želja i moja volja ostvare.

"Kako to onda učiniti?

"Idite sutra razgovarati s biskupom i ponovite zahtjev.

"To je u redu. Obećavam da hoću.

Neki dan je, kako je dogovoreno, ponovno stigao u palaču. Kao i prvi put, morao je čekati satima dok se nije liječio u istoj sobi kao i prije.

"Opet si ovdje? Što želiš? - upita biskup.

"Dolazim inzistirati na zahtjevu naše Gospe. Kada ćete ga početi ispunjavati? "Upitao sam Juana.

"Kako želiš da ti vjerujem? Kakav dokaz imam da ste stvarno njezin izaslanik? "Biskup je odgovorio.

"Nisi li ti taj koji toliko govori o vjeri? Zašto se ne prijaviti u ovom slučaju? "Pritisnuli ste Juana.

"Nikako. Potpuno su različite stvari. Idi i ne vraćaj se dok nemaš dokaz za ono što govoriš. Je li to točno? "Biskupu je dao ultimatum.

"Što učiniti? Ne preostaje mi ništa drugo nego prihvatiti uvjet - odrazio se Indijac.

"Pa, neću to učiniti. Sretno! "Biskup je zaključio.

Juan je napustio palaču vraćajući se u svoju rezidenciju. Tamo je svog ujaka zatekao prilično bolesnog. Dva je dana činio sve što je bilo u njegovoj moći da popravi strica. Međutim, ništa nije imalo učinka i samo se pogoršalo. S prevarenim bolesnikom, prvi je otišao potražiti svećenika koji će mu dati krajnju pomast.

Uznemiren, morao bi proći kroz brdo Tepayac. Ali kako je bio previše zauzet, izbjegavao je mjesto gdje je zatekao svetu djevicu da ga ona ne prekine. Tako se to radilo. Unatoč tome, očekivali ste promjenu rute. Na taj se način dogodio neizbježni susret.

"Kamo ideš, Juan, u tako žurbi? "Pitao sam lijepu ženu.

"Idem pronaći svećenika. Želim da moj ujak primi ekstremnu pomast jer je jako bolestan - rekao je autohtoni čovjek.

„Slušaj i čuvaj u svom srcu, sine moj najdraži: ništa te ne plaši i ne kolje; ne uznemiravajte, nemamo li ovu bolest, niti bilo koju drugu patnju ili nešto uznemirujuće. Nisam li ti majka? Nisi li pod mojom sjenom i zaštitom? Nisam li ja tvoj izvor života? Nisi li u naboru mog ogrtača, tamo gdje prekrižim ruke? Neka vas ništa ne uznemirava i ne izaziva gorčinu. Neka vas bolest vašeg strica ne pogađa. Neće umrijeti od ove bolesti. Vjerujte u svom srcu da je već izliječen - uvjeravala je naša majka.

"Vjerujem! Što se tiče onoga što ste tražili od mene, majko moja, biskup od vas traži dokaz. Što bih trebao učiniti? "Upitao sam Juana.

„Idi gore, sine, najdraži, na brdo, i tamo gdje si me vidio i gdje sam izdao tri zapovijedi, upravo na tom mjestu vidjet ćeš nekoliko procvjetalih cvjetova; Izrežite ih, skupite, sakupite u svoj ogrtač i siđite ovamo, donoseći ih meni - pitala je Mary.

"Odmah, moja majka.

To je reklo da se Juan popeo na brdo gdje je brao cvijeće. Silazeći s Marijom, pokazao joj je cvijeće, a ona ih je preuredila u svoj ogrtač, rekavši:

„Sine moj, najdraži, ovo je cvijeće dokaz, znak koji ćeš odnijeti biskupu. Reći ćete mu da vidi što želim od njih i izvršava svoju volju. Vi ste moj veleposlanik, vjerujem vam. Izričito vam naređujem da otvorite pokrivač samo u prisutnosti biskupa i saznate što uzimate. Sve ćete mu reći, reći mu kako sam vam rekao da se popnete na vrh brda i sve što ste vidjeli i čemu ste se divili. Ovim ćete promijeniti srce biskupa, tako da će učiniti ono što je u njegovoj moći da podigne hram za koji sam ga zamolio.

„Budi mi majka! U meni pronalazi vjernog i predanog slugu. Sad ću ispuniti tvoju volju ", rekao je Juan.

"Sretna sam zbog vaše predanosti. Moja milost će uvijek ostati s vama!

„Neka tako bude, majko moja!

Zbogom, sine moj!

"Čak!

Njih dvojica su se rastali od Indijca koji će ispuniti svoju obvezu. Ponovno je otišao na sastanak s mjesnim biskupom.

"Dolazim po nalogu Gospe. Ponovno sam je sreo i zamolio da se popnem na brdo. Odabrao sam nekoliko cvijeća koje je ona preuredila u moj ogrtač. Nadalje, doveo sam te da ga pokažeš prije tebe. To je točno znak koji ste tražili ", potvrdio je Juan.

"Onda mi pokaži! "Biskup je pitao.

Otvarajući plašt, pokazalo se da je to prekrasna Gospina slika. Odmah je biskup pao na tlo Koljena. Bilo je to čudo slomiti otpor njegove nevjere jednom zauvijek.

„Blagoslovljena tvoja Majka koja te poslala ovamo. Sa svoje strane obećavam da ću se potruditi ispuniti vaš zahtjev. Žao mi je što sam toliko sumnjala. "Rekao je biskup.

„Zamolite našu Gospu za oprost! Jedan od načina da ispravite nedostatak vjere je izgradnja hrama - prisjetio se Juan.

"Nadam se! Puno vam hvala na inzistiranju! Pohvalio je svećenika.

"Za ništa! "Rekao je Juan.

"Mogu li podnijeti zahtjev? "Biskup je pitao.

"Možeš ti to! "Rekao je Juan.

"Odvedi me do mjesta gdje se pojavila naša majka. Također želim udahnuti ovaj zrak svetosti! "Apostol je molio.

"Sutra. Danas imam obaveze. "Obavijestio je Juana.

"Ja razumijem da je. Tada je zakazano za sutra - potvrdio je biskup.

"Da. Do. "Rekao je sluga naše Gospe.

"Čak. "Velečasni je otpušten.

Otišavši tamo, Indijanac se uputio kući. Kad je tamo stigao, zatekao je svog strica potpuno zdravim dok je razgovarao sa svecem. Bio je ispunjen radošću.

"Dobro si, moj ujače. Blagoslovljena Gospa koja te je izliječila.

"Dobro sam. O Bože? Da li bi to bila lagana dama koja me upravo posjetila? Rekla mi je kako je razgovarala s tobom i poslala ga u Tenochtitlan. Nazvana je "Djevica Sveta Marija od Guadalupe".

"To je ona sama.

"Blagoslovljen bio. To je zauvijek promijenilo naš život.

"Pravi. Ime će tvoje biti uzvišeno u cijeloj zemlji.

Njih su se dvoje zagrlili dajući slavu Bogu. Sad kad je sve bilo u redu, Gospin će se zahtjev ispuniti i mir će biti u Americi. Širenjem ove vijesti, mnogi Asteci prešli su na kršćanstvo.

Gospa od Kazana

(Kazanskaya - Rusija) -1579

Bilo je to 1579. godine. Kazan je u to vrijeme već bio pretežno katolički grad s nekoliko crkava i samostana. Međutim, skupina se suočila s otporom pogana i muslimana. Da bi pomogla kršćanima, gornja sila očitovala se snagom i slavom u slučaju opisanom u nastavku.

Početkom lipnja 1979. godine grad je pretrpio vrlo razorni požar ostavljajući pola grada u pepelu. Među uništenim kućama bila je i kuća male matrone. Njegova je rezidencija obnovljena i jedne od prvih noći pod njegovim krovom sanjao je proročanski san. U snu je Božja majka naznačila mjesto gdje je pokopana njezina ikona i naredila joj da to saopći nadbiskupima i magistratima.

Djevojčica je majci rekla za slučaj. Međutim, nije obraćala pažnju na nju. Ponavljanjem istog sna tri puta, uvjerio se. Odnijeli su vijest nadbiskupu i općinskim službenicima. Došao je red na njega da mu ne daju kredit.

Slijedeći njezin instinkt, Matronova majka uzela je lopatu počevši kopati na mjestu koje je odredila djevica. Uz dobar trud, čudesno pronašao Gospinu ikonu. Glas se proširio cijelom regijom s nevjernicima koji su tražili oprost za nebesku kraljicu.

Ikona je potom u procesiji prenesena u katedralu navještenja, za vrijeme hodočašća posjetitelja grada dogodila su se brojna čuda. Nakon toga, ikonu su odnijeli u Moskvu. Odatle je cijela Rusija bila blagoslovljena rukom moćne Djevice.

Gospa od dobrog uspjeha

Ekvador-1594

1563. godine rođena je majka Mariana de Jesus Torres u provinciji Viscava u Španjolskoj. Slatka i draga djevojka, čim se shvatilo, ljudi su imali dobru intelektualnu i religioznu pozadinu. Njegova prijava na studije donijela mu je pohvale roditelja i učitelja. U dobi od trinaest godina smio je napustiti zemlju zajedno s tetom koja će živjeti u Ekvadoru.

Faza ukazanja započela je tamo gdje se razvio njegov medij. Često sam viđao svece, anđele i demone. Najistaknutiji od njih odnose se na one svete Majke Božje.

Pri prvom pojavljivanju, majka Marijana ležala je na zemlji i jadikovala zbog svoje kolonije. Stoga je molio za pomoć najviših. Tada je začuo glas koji ga zove. Dok je usmjeravala viziju na svoj glas, tada je vidjela veliku dozu jasnoće i u svojoj prepoznala Gospu koja je nosila Isusa na lijevoj ruci. Žena je preuzela inicijativu.

„Ja sam Marija uspjeha, kraljica neba i zemlje. Vaše molitve, suze i pokore jako su ugodne našem nebeskom Ocu. Želim da ojačaš svoje srce i da te patnja ne sruši. Vaš će život biti dug za slavu Boga i njegove Majke, koja vam govori. Moj Presveti Sin predstavlja vam bol u svim oblicima. I da bih vam ulio vrijednost koja vam treba, uzmite je iz mojih ruku u svoje.

Svetac joj je predao dijete Isusa u naručje. Tamo je započelo šarmantno iskustvo sa slugom koji je njegovao intimnu želju da utješi Krista u svojoj strasti.

"Slavljen neka je Gospodin i blagoslovljena djevica koja se ponašala prema njemu. Što mogu učiniti za tebe? - upitao je slugu.

"Postavit ću vas glasnogovornicom budućih činjenica. Na taj će me način još više obradovati djelo našega Boga - Otkrio je našu majku.

"Spreman sam! "Mariana je postala dostupna.

"Zadovoljna sam! Sada moram ici! Vratit ću se s vremenom ", rekla je Djevica.

„Idi u miru, majko moja! "Sobarica je poželjela.

Blažena djevica nastavila je svoju djecu u naručju i zamotana užarenom svjetlošću uzdizala se do nebesa na vidiku. Tu je započela serija marijanskih ukazanja u Ekvadoru.

Pojavljuje se 16/01/1599

Bila je hladna i olujna noć kad je Gospa razgovarala s majkom Marijanom u privatnosti svoje sobe. Pokazao se na isti način kao i drugi koji dolazi u intenzivnom plamenu Svjetlosti okružen anđelima.

"Došao sam vam donijeti vijesti o budućnosti kao što sam i obećao. Prvo, ova će domovina prestati biti kolonija i bit će slobodna Republika, poznata kao Ekvador. Tada će vam trebati herojske duše kako biste se održali kroz toliko javnih i privatnih nesreća.

"Je li to dobro ili loše, gospođo? - upitao je slugu.

"Ima svoje prednosti i nedostatke. Zapravo, biti slobodna domovina zahtijeva veliko majstorstvo svojih vladara. Srećom, ova zemlja hoće. U 19. stoljeću pojavit će se istinski kršćanski predsjednik, karakterni čovjek, kojemu će Bog naš Gospodin dati dlan mučeništva na trgu gdje je moj samostan. Posvetit će republiku božanskom srcu mog presvetog sina i to će posvećenje održati katoličku religiju u kasnijim godinama, što će za Crkvu biti srcem.

"Razumijem koliko moraš biti sretan. Ali nije li i tebi želio slavu? - pitala je Mariana.

"Uskoro će doći moja slava. Crkva će naviještati dogme mog Bezgrješnog začeća i Uznesenja. Ovime će moje ime sjati sve više i više iako je naša potraga prvo zahvaliti imenu Gospodnjem, kćeri moja. Kao što je rekao moj sin, koji želi biti sjajan, svima je server. Poniznost je velika vrlina koju ljudi trebaju njegovati.

"Shvaćam, majko moja. Obećavam za mene sliječenje ove kreposti zajedno s učenjima našega Krista.

"U redu! Moram podnijeti zahtjev: Oporuka mog Presvetog Sina je da i vi sami pogubite moj kip dok me vidite i postavite na stolicu prior. U moju ćete desnu ruku staviti krunicu i ključeve klaustra, kao znak moje imovine i vlasti. Stavit ćeš u moju lijevu ruku mog Božanskog Sina. Vladat ću ovim svojim samostanom - napao Bezgrješnu.

„Počašćen sam ovom posebnom misijom. To će se ostvariti u Božje vrijeme - primijetila je mala Mariana.

"U to imam puno povjerenje", rekla je naša majka.

"Blagoslovljen Gospodin što mi je dao tu privilegiju da znam sve te stvari", rekla je Mariana.

"Budi u miru! Vratit ću se drugi put i razgovarati još - zaključila je Dama duhova.

To je reklo, sveta Majka Božja se povukla zajedno sa svojim anđelima ostavljajući pobožnu zamišljenost. Što je još Bog pripremio za svijet?

Kasnije godine

Majka Marijana usredotočila se na Gospodinovo djelo u sljedećim godinama. Međutim, obećanje dano prije Gospe još nije bilo ispunjeno. Zbog ovog propusta pretrpjela je intenzivno duhovno mučeništvo. Božanska providnost odredila joj je da zaposli kipara Francisca Del Castilha.

Tijekom gotovo godinu dana trudio se razraditi posao koji je shvaćen kao milost zbog toga što je katolik i predsjeda kršćanskom obitelji. 9. siječnja smatrao je posao gotovo gotovim. Nedostajala je samo jedna zadnja ruka boje. Sliku je dao na čuvanje redovnicama samostana.

U ranim satima istog dana djelovalo je natprirodno. Čuvši glasove i ugledavši svjetla u zboru, redovnice su prišle i bile zapanjene onim što su vidjele: Umjetnički izrađena slika koja se oblikovala. U ekstazi je majci Marijani bilo dopušteno znati da su autori završetka ovog djela sveti Franjo uz arkanđele Gabrijela, Mihaela i Rafaela.

Neki dan je kipar djela bio impresioniran rezultatom. Potpisujući dokument, tvrdio je da je imidž čudo, a ne njegove sposobnosti. Ovime se vijest o nadnaravnoj skulpturi proširila cijelom zemljom.

Pojavljujući se 02.02.1634

Nakon večere u samostanu, časne sestre su čavrljale u sakristiji kad ih je lagano zatamnjenje prisililo u prijevremenu mirovinu. Majka Marijana, u tišini svoje sobe, primila je neočekivani posjet naše svete Majke na isti način na koji se predstavila i drugi put.

"Ja sam Gospa. Neka ovo zatamnjenje bude simbol Crkve u 20. stoljeću. Crkva moga sina bit će pomračena iz 20. stoljeća. Doći će do duhovne katastrofe u samostanu i produžiti ga u cijeloj Crkvi; Nečistoća će zavladati svijetom, s prevlašću trivijalizacije seksualnosti; nevinost djece će biti korumpirana, a svećenstvo će ući u krizu i, napokon, laksizam će doći s previdjenim dobrom. U tom će kontekstu dobre vrijednosti biti duboko potkopane.

Suze padaju s Gospinog lica pred zlom čovječanstva. Mariana zajedno plače pokušavajući pronaći utjehu pred ovim proročanstvima.

"Mogu li saznati više o ovome, majko moja? "Pitala je blaženog slugu.

„Bit će gotovo potpune korupcije u carini, a Sotona će vladati masonskim sektama. Unutar Crkve sakramenti će se skrnaviti, zlostavljati i stavljati u nesklad. Jako me rastužuje nedostatak vjere duša tog vremena, propadanje religioznih duša i nedostatak brige za duhovna pitanja - objasnila je Isusova majka.

"Ne razumijem jedno, majko moja. Što mislite o skrnavljenju sakramenata unutar same Crkve? "Pitao je vidioca zabrinuto.

„Postoji predviđanje otpadništva. Unutar Katoličke crkve loše ponašanje svećenika na visokoj razini ugrozit će duh religije. Doći će teška vremena kada će upravo oni koji bi trebali braniti prava Crkve oslijepiti. Bez servilnog straha ili ljudskog poštovanja, pridružit će se neprijateljima Crkve pomažući im u ostvarenju njihovih projekata ", rekao je prosvjetljeni.

"Tužna sam. Kakvu nadu imamo onda? "Mariana je plakala.

„Nada se nalazi u našem Bogu koji nam obećava sljedeće:„ Ali kad se čine trijumfalnima i kad autoritet zlorabi svoju moć, čineći nepravde i ugnjetavanje slabih, njihov će pad biti blizu. Paralizirani, past će na zemlju - najavila je djevica.

„Slava Gospodinu u vijeke vjekova! "Rekao sam blaženi zadovoljni.

Dama dobrog uspjeha uputila je blagi osmijeh zadovoljstva. Zatim je dao u naručje dijete Isusa da ga nekoliko trenutaka nosi u krilu. Dijete Isus otkrio mu je posebno sljedeće:

„Dogma vjere o Bezgrješnom začeću moje majke bit će objavljena kad se najviše bude borilo protiv Crkve i moj vikar bude zarobljen. Isto tako, Dogma vjere o Prolasku i Uznesenju u tijelu i duši bit će objavljena na nebesima moje Presvete Majke.

"Dobro Dobro. Blagoslovi svoju majku! "Radovao se slugi.

Kad je Isus vratio majku, njih su dvoje nestali u stupcu dima. Nekoliko trenutaka kasnije, vidovnjakinja je zaspala jer je bila preumorna.

Posljednji put pojavio se 08.12.1634

U drugoj mračnoj noći, blažena Mariana prima posjet svete djevice s istim izgledom kao i druga vremena. Čim stigne, najavljuje:

„Moje bogoslužje pod utješljivim zazivanjem Dobrog uspjeha bit će podrška i zaštita vjere u gotovo potpunoj korupciji dvadesetog stoljeća.

"Sjajna majko. Što bi bilo s nama bez tvoje svete zaštite? U kojem smislu korupcija tog doba najviše teži? "Pitao je medij.

"Propadanje će u cijelosti doći do svećenstva tijekom 20. stoljeća. Svećenici moraju voljeti John Mary Vianney svom dušom, mog slugu koji ga božanska dobrota priprema za milost tih stoljeća kao uzorni uzor nesebičnog svećenika - otkrila je Marija.

"To nam je barem utjeha. Užasavam se ove krize. Tko će biti njezin uzročnik? „Sestra se brinula za Krista.

"Hereze i sekta. Ova će se institucija širiti kako bi utjecala na sve sektore društva. Doći će točka u kojoj će se ona infiltrirati posvuda ", rekla je Mary.

"Što će biti posljedica ovoga u rezultatima vezanim uz crkvu? "Nastavio je s vidjelicom.

„Sotona će gotovo zavladati ekstravagantnim strastima i korupcijom u običajima. Svoje napore usredotočit će na djetinjstvo kako bi održao svoju vladavinu. O, dečki iz tog vremena! Teško će primiti sakrament krštenja i krizmu - rekao je u suzama neokaljan.

Plakao je i sveti sluga. Kako se takvo što moglo dopustiti? Bila je zaista nesretna ova budućnost čovječanstva. Ugledavši je u nedoumici, Mary je nastavila:

"Sekta će preuzeti sve društvene klase uvlačeći se u određeni život svake od njih. Ovim će se izgubiti djetinjstvo djece. Posljedice toga su da ćemo imati malo ljudi usredotočenih na svećeništvo.

"Hoće li to nekako utjecati na njihovu seksualnost? Htio sam znati Marianu.

"Potpuno, moj anđele. Atmosfera zasićena duhom nečistoće koja će se, na način nečistog mora, provlačiti ulicama, trgovima i javnim ulicama ... Teško da će na svijetu biti djevičanskih duša. Nježni cvijet djevičanstva, sramežljiv i kojem prijeti potpuno uništenje, zasvijetlit će izdaleka - oplakivana Kristova majka.

"Hoće li to utjecati i na sakrament ženidbe? "Upita sluškinju.

„Što se tiče Sakramenta ženidbe, koji simbolizira Kristovo sjedinjenje s Crkvom, bit će napadnut i oskvrnjen u punoj mjeri te riječi. Bit će nametnuti zli zakoni koji će ugasiti ovaj Sakrament, olakšavajući svima loš život, šireći generaciju nerođene djece bez blagoslova Crkve. Kršćanski duh brzo će propadati ", rekla je Marija.

U ovom trenutku medij je bio prilično ražalošćen svim bombastičnim otkrićima. Bila bi skamenjena. Marija je neprestano govorila o budućnosti.

"Još uvijek na sakramentima, dva od njih će također biti u potpunosti pogođena. U to će se vrijeme sakrament krajnjeg pomazanja, budući da će u ovoj siromašnoj domovini nedostajati kršćanskog duha, malo razmatrati. Mnogi će ljudi umrijeti, a da to ne prime nepažnjom obitelji. Isto će se dogoditi i sa svetom pričešću. Ali, eto! Koliko osjećam izražavajući vam da će biti mnogo ogromnih javnih svetogrđa i skrivenih od skrnavljenja Svete Euharistije. Moj Presveti Sin bit će bačen na zemlju i zgažen nečistim nogama - prenijela je majka svih nas.

"Vratimo se pitanju svećenstva. Zašto će toliko razočarati Krista? "Blaženi je pitao.

"Slučajevi pedofilije, silovanja i financijske korupcije. Zbog grijeha, znajte također da Božanska pravda često izriče strašne kazne nad čitavim narodima, ne toliko za grijehe ljudi koliko za grijehe svećenika i redovnika, jer su ovi, savršenstvom svoje države, pozvani da budu sol zemlje, gospodari istine i gromobrani Božanskog gnjeva - rekla je majka čovječanstva.

„Kakva je onda naša nada u ovom kontekstu? Mariana je zanimala.

„Bit će nekoliko duša koje čuvaju blago vjere i kreposti. Oni će pretrpjeti okrutno i dugotrajno mučeništvo. Mnogi će se od njih nasiljem patnje spustiti u grob i biti ubrojani u mučenike koji su se žrtvovali za Crkvu i Otadžbinu - najavio je prosvjetljeni.

„Kako se možemo riješiti krivovjerja i kojim vrlinama će se ove duše morati klanjati da bi održale milost Gospodnju? Blaženi je bio zainteresiran.

„Za oslobađanje od ropstva ovih hereza, oni kojima će se milosrdna ljubav mog Presvetog Sina posvetiti ovoj obnovi zahtijevat će veliku snagu volje, postojanost, vrijednost i puno povjerenja u Boga. Da bismo iskušali tu vjeru i povjerenje pravednika, bit će trenutaka kada će se sve činiti izgubljenim i paraliziranim. Tada će to biti sretan princip potpune restauracije. "Marija je otkrila.

"Dobro, majko moja. Kako će onda izgledati Crkva nakon svih ovih činjenica? "Pitao je našu sestru u Kristu.

„I Crkva će se kao vrlo mlada djevojka uskrsnuti radosno i trijumfalno i tiho zaspati, spakirana u rukama vještog majčinskog srca mog toliko voljenog izabranog sina tih vremena. Učinit ćemo ga sjajnim na Zemlji, a mnogo većim na Nebu, gdje smo za vas rezervirali vrlo dragocjeno mjesto. Jer, bez straha od ljudi, borio se za istinu i branio prava svoje Crkve, pa bi ga mogli nazvati mučenikom - zaključio je blaženi.

„Neka tako bude! "Mariana se obradovala.

„Evo, oprostio sam se od svog svetog sina od vas. Čuvaj moje ovce! "Rekla je Dama duhova.

"Krenite u miru! Neka budeš nagrađen u slavi za sve što činiš za čovječanstvo - želio je plemeniti sluga.

„Zadovoljstvo mi je pomoći svojoj djeci pažnjom. Blagoslovljen ostatak života na zemlji. Nakon toga sam i sam došao po vas - Prometeja sveca.

"Nadam se da neću uspjeti u svojoj misiji", pitala je mala Božja kći.

"Vjerujte u moju brigu i neće vam ništa nedostajati", rekla je Mary.

Napokon je ustao na nebo u društvu svog voljenog sina. Tada se zadnji put pojavio vidovnjak. Majka Marijana slijedila bi dane koji su se slavno završavali kao primjer svim ekvadorskim kršćanima.

Gospa dobrog zdravlja
Vailankanni -Indija-1600
Prvo pojavljivanje

Bilo je oko šest sati ujutro kad je hinduistički dječak krenuo prema šefovoj kući nakon što je izvadio kantu punu svojih muznih krava. Na pola puta naišao je na reformatora koji je u naručju nosio novorođenog sina. U slatkom odijelu, žena je pitala:

"Mogu li dobiti malo mlijeka? Moj sin je gladan.

"Naravno, gospo", kimnuo je dječak.

Napunio je ženski kanister, osjećao se čudno utješen tim činom.

"Hvala ti, sine moj! Bog te blagoslovio! "Zahvalila ženi.

"Za ništa! "Uvjerio je dječaka u dobro srce.

Dječak je krenuo svojim putem i kad se okrenuo, više ne može vidjeti suprugu i njenog sina. Čudno, pomislite u sebi. Kad je stigao na odredište, ispričao je šefu o slučaju. Kad su otišli provjeriti kantu s mlijekom, rekli su da ništa ne nedostaje. Šef je zahtijevao da ga odvede do mjesta pojavljivanja. Dječak je poslušao i, uputivši zahtjev, obojica su vidjeli ženu kako ponovno prolazi tim dijelovima. Uz to, mogli su vjerovati mladiću. Nakon toga, vijest o ukazanju proširila se cijelom regijom.

Nova čuda

Prošlo je nekoliko godina i Djevica se opet pojavila drugom dječaku na isti način prije.

"Mogu li dobiti malo mlijeka za svog sina? Pitala je Mary.

"Da. Evo ga - rekao je dječak koji je kantu napunio posvećenom ženom.

„Tvojim dobrim djelom Bog će te blagosloviti. Ja sam Gospa, Kraljica neba, želim da se izliječite od njezina problema. Također želim da se na ovom mjestu izgradi kapela u čast mog imena - pitala je naša majka.

"Učinit ću ono što imam u svojoj moći", dječak je bio spreman osjećati se neobično dobro.

S osmijehom na licu, uspravio se do očiju nestajući ubrzo nakon što su se zaokupili oblaci. Dječak je ispričao sve što je vidio i čuo od lokalnih vlasti i uz njihovu pomoć kapela je sagrađena onako kako je tražila Božja majka. Od tada je ovo mjesto postalo središte hodočašća u zemlji.

Čuda nakon ukazanja

Prvo čudo:
Bilo je to 17. stoljeće kada je nesrećom portugalski brod potonuo blizu zaljevske obale. Bez izlaza i znajući čudesnu priču o djevici, molili su za njezino spasenje sa sveticom. Uslišane su njihove molitve kad su uspjeli preživjeti potonuće.
Dolaskom na kopno pridonijeli su da kapela postane impozantno svetište. Tijekom godina obnovljen je i proširen do najveće slave naše majke.
Drugo čudo:
Ova je regija bila meta razornog tsunamija. Za čudo, svetište je ostalo netaknuto, dok su susjedne zgrade bile potpuno devastirane. To dokazuje da su Marijina djela vječna.
Gospa dobrog zdravlja glavna je zaštitnica Indije.
Gospa od Siluve
(Litva-1608-1612)
Siluva-AD 1457
Pertas Gedgauskas bio je plemeniti Marijin bhakta iz ovog kraja. Kao oblik osobne zahvalnosti dao je sagraditi Drvenu crkvu u čast majke Božje. Ova je gradnja trajala četrdeset godina uništavajući je požar. Vjerom litavskog naroda, hram je ovaj put obnovljen zidanim zidovima. Na ovom svetom mjestu istaknula se slika Gospe s djetetom Isusom napravljena u Rimu. Na ovoj su slici zabilježena brojna čuda. Ubrzo je hodočašće katolika bilo intenzivno iz svih regija zemlje.
Nekoliko godina kasnije, početkom 16. stoljeća, sljedbenici protestantske reforme naseljavali su se u tom po-

dručju i prisvajali zemlju koja je do tada pripadala Katoličkoj crkvi. Mnogi su ljudi prešli na novi kult. Uništenjem Marijanske crkve 1536. godine, Marijini preostali vjernici izgubili su vjeru da je ponovno vide.

Gubeći malo po malo, posljednji svećenik morao je napustiti regiju. Kao posljednji čin, prikupio je u škrinju predmete spremljene u vatri i zakopao ih u blizini mjesta na kojem je bila Crkva. U ovom se trenutku činilo da je sve izgubljeno. Ali svetica je bila snažna i moćna što ju je navelo da djeluje u njezinu korist.

Siluva- AD 1608

Upravo u tim zemljama u kojima se nalazila Marijina crkva, mladi su pasali svoja stada kad su vidjeli lijepu Mladu ženu kako sjedi na kamenu s dječakom u krilu. Estetski uredno, ono što je bilo na sceni bio je krik ove lijepe žene. Statično, djeca ga nisu ništa pitala. Vraćajući se kući, rekli su roditeljima što se dogodilo. Od tada su se vijesti širile gradom.

Velika gužva nazočila je mjestu puna znatiželje. Među njima je bio i kalvinistički pastor. Oštro je kritizirao druge zbog vjere u djecu. Istodobno, opet se pojavila žena kako su opisali drugi vidioci. Pastor je zatim iskoristio priliku da komunicira s njom.

„Dame, zašto plačete? "Upitao.

"Plačem jer je na ovom mjestu gdje je proslavljen moj sin sad posađen i žanje sebe", objasnila je Djevica Majka.

To je reklo, nema ga više. Kada je saznao za ukazanje, biskup regije poduzeo je posao koji je zahvaljujući bivšem stanovniku razjasnio sumnje. Pronašli su zakopanu škrinju u kojoj se nalazio crkveni dokument o darovanju zemlje. Posjedujući dokument, biskup je stupio na pravdu vrativši zemlju definitivno 1622. godine. Time su protestanti protjerani iz zemlje zbog moguće obnove Marijine crkve. Ovo je bilo prvo pojavljivanje prosvjetljenih u Europi koja je povratila čast svog imena. Gospa od Siluve posebna je zaštitnica Litve.

bezgrješno začeće

Àgreda-Španjolska
1655-1660

Smješteno u provinciji Soria, Ágreda je bukolično i veličanstveno selo. Ondje se rodila časna Marija Isusova 2. travnja 1602. Kći Lady Catherine od Arane i gospodina Francisca Coronela, njezina je obitelj viđena kao plemenita i religiozna. Od malena je stupio u kontakt s kršćanskim diktatom i spremno je odlučio groziti se grijehom slijedeći Krista pod svaku cijenu. Osim toga, imao je sklonost prema Gospi.

Tijekom djetinjstva i većine svoje mladosti uživao je u mirnoći uma kao rezultat svojih djela, razmišljanja i predanosti silama dobra. Međutim, ništa nije savršeno. Na svom vjerskom putu suočavao se s raznim kušnjama i toliko poteškoća da se ponekad osjećao zbunjeno zbog svoje vjere u Boga.

Posljedice ove patnje bile su osobna izolacija i ravnodušnost prema drugima. U tim trenucima dah smisla djelovao je na primjeru strasti njegova gospodara. On je poput nikoga znao kako prevladati poteškoće i usred svega tog konteksta bio je jedini spas. U Kristu se osjećao snažno i moćno.

U tom smislu, uloga njegovih duhovnih upravitelja i njegove obitelji postala je ključna u njegovoj kršćanskoj formaciji. Uz dobro usmjeravanje koje su im dali, on je sve više i više duhovno napredovao i posljedično se približavao Bogu. U ovom se trenutku pitamo, što je razlikovalo slugu toliko kršćanskih sljedbenika?

Marija Isusova bila je primjer svima koji su je poznavali. Od malih nogu sve što je financijski dobivala od roditelja koristila je u dobrotvorne svrhe sa siromašnima. Uz to, povremeno je sudjelovao u vježbama, čitao je mnoge vjerske knjige i pokazao duboku predanost vjerskim pitanjima objašnjenim u molitvama, savjetovanju drugima i rezerviranju tjelesnih užitaka. Svejedno, to je bio model kojem se trebaju diviti i slijediti ga drugi koji su čeznuli za vječnim kraljevstvom. Nije trebalo dugo i njegova se slava proširila cijelom regijom.

Zahvaljujući roditeljima osnovali su samostan u vlastitom domu. Preko gospodara se cijela obitelj posvetila kršćanstvu, što se danas rijetko događa. Među njima je Mariji Isusovoj povjerena posebna misija pred cijelom zajednicom i pred Bogom.

S darom bilokacije mogao bi biti na dva mjesta istovremeno. To mu je olakšalo propovijedanje poganima na udaljenim kontinentima. Druga primljena vrlina bilo je pisanje. Kroz nju može napisati svoja duhovna iskustva koja su mnogim dušama donijela svjetlo razumijevanja. O tim manifestacijama bio je prekriven snažnom slavom i skrivenim tajnama otkrivenim svojoj osobi. Suprotno tome, intenzivno je patio u tijelu zbog lošeg zdravlja. Činilo se da je jedna stvar iznutra povezana s drugom radi veće gospodarove slave i uzvišenosti njegove blažene duše.

Zatim dolazi znatiželja: Kako su navike ovog časnog sluge bile toliko ugodne Bogu? Uz nebrojene izvedene pokore, često je postio, pogađajući tijelo zastrašujućim predmetima i stalnom predanošću Djevici. Stoga je bila dostojna da je se smatra sveticom.

Vraćajući se svom daru pisanja, njegovo najvažnije djelo naslovljeno je "Mistični grad Božji", gdje opisuje priču o Isusovoj majci. U ovom radu pomogli su joj anđeli i sama Prosvijetljena. Zahvaljujući otkupitelju, izabrana je za vrhovnu majku svog samostana gdje je provodila spektakularni misionarski rad. Samo je njegova prisutnost obnovila pobožne vjernike i njegov slatki izraz lica očarao. Svima je bila poput majke. Na tom je položaju ostao trideset i pet godina.

Španjolska je ratovala, oko 1653. godine, Božja ruka primila je posjet Filipa IV. Ovaj je susret bio toliko uzbudljiv da su njih dvoje održavali kontakt putem pisama dvadeset i dvije godine. Tada je njegova smrt došla u punom zajedništvu s Bogom. Marija Isusova primjer je svetosti za cijelu Španjolsku.

Ukazanja Gospe od Lauške

Saint Étienne-Francuska- (1664.-1718.)

Laus Valley je malo selo na jugu Francuske. U to se vrijeme sastojalo od dvadesetak obitelji čija je najveća vjera bila usredotočena na likove Isusa Krista i Marije. Najveći simbol ove vjere bila je kapela Gospe dobrog susreta u čast Bezgrješne Djevice.

Rođena u selu u rujnu 1647. godine, gospođica Benoite morala se rano naviknuti na život pun oduzetosti sina obitelji koja pripada socijalnoj klasi ekstremnog siromaštva. Situacija obitelji dodatno se pogoršala zbog očeve smrti kada je djevojčica imala samo sedam godina.

Time su djeca bila prisiljena početi raditi od ranog djetinjstva. Alternativno, ženske kćeri pomagale su majci u obavljanju kućanskih i vjerskih zadataka. U ovoj posljednjoj stavci roditelji djevojčice bili su uzorni u uputama o zapovijedima i zakonima Božjim izvan prolaska samih molitava.

Dok su im djecu otpuštali s posla, obitelj je tonula u duboku bijedu na tri mjeseca. Na Benoiteov ustrajni molitveni zahtjev, Gospa je poslala emisare u svoj dom. Predložili su posao članovima obitelji na dvije farme. Zahvalivši nebesima, prihvatili su prijedlog i tada je svaki od njih počeo mukotrpno raditi. Posao bi bio pastir ovaca.

U jednom od njegovih radnih dana, dok pastira ovce moleći krunicu, čini se da je vizija elegantno odjevenog muškarca biskup koji pripada Ranoj Crkvi. Prišao je djevojci koja je povlačila razgovor:

"Kćeri moja, što radiš ovdje?

"Čuvam svoje ovce, molim se Bogu i tražim vodu za piće", odgovorila je djevojka.

"Vadit ću vam vodu", čovjek je bio spreman otići do izvora koji se tamo jednostavno pojavio.

Donoseći vodu, ubila je nju i sjeme životinja. Nakon toga, kontakt je nastavljen.

"Tako si zgodan. Jesi li ti anđeo ili Isus? "Htio sam znati mladu damu.

"Ja sam Maurice kojem je posvećena obližnja kapela. Moja kćeri, ne vraćaj se na ovo mjesto. Dio je to drugog teritorija i stražari bi uzeli svoje stado ako ga ovdje pronađu. Idite u dolinu gore u Saint-Étienneu. Tamo ćete vidjeti majku Božju - Obaviještenu.

"Ali vaša ekselencijo. Ona je na nebu. Kako to mogu vidjeti tamo gdje vi to kažete? "Pitao je slugu.

"Da. Na nebu je, na zemlji, a također i tamo gdje je želi - raspravljao je Maurice.

"To je u redu. Poslušat ću vaš savjet, ali ne sada. Odmorit ću se malo sa svojim jatom prije nego što odem - rekao je Benoite.

"Mudra odluka. Moram ići sada. Bog te blagoslovio! "Najavio starije.

"Krenite u miru! "Djevojčica je poželjela.

Neznanac je koračao nekoliko koraka stazom nestajući ubrzo nakon toga. Ovime je pala noć prisiljavajući pastiricu da se smjesti u šumi. Cijelu noć neprestano sam razmišljao o viziji i svemu što ona predstavlja. Kad bih nekome pričao o tim događajima, smatrali bi me ludim. Ali ne, bilo je to sasvim normalno. Budući da je bila preumorna, ubrzo je zaspala i progonili su je proročki snovi. Njegov je um bio samo nered i tako je svanulo.

Rano je pao na cesti koja je vodila stado u dolinu koju je odredio svećenik. Nisu je zastrašivali ni kvrgavi reljef, divlje životinje, trnje i loše vrijeme. Došavši blizu špilje, imao je viziju lijepe Gospe koja je u rukama nosila dijete. Bez čak i nepovjerenja unatoč upozorenju koje je imala, djevojka se obratila ovoj ženi.

"Lijepa damo, što radiš ovdje?" Jeste li ovdje da kupite gips? Biste li bili tako ljubazni da nam dopustite da uzmemo ovo dijete? Ovaj bi nas dječak oduševio.

Čudna dama još je uvijek bila tamo, ali nije odgovorila na djevojčino pitanje što je izazvalo veće divljenje kod Benoite. Rad na ispaši nastavljen je tijekom cijelog jutra. U vrijeme ručka, djevojka je opet razgovarala sa ženom.

"Želite li jesti sa mnom? Imam ovdje nekoliko ukusnih lepinja.

Osmijeh je visio na licu lijepe dame, ali ona je šutjela kao tajna koja okružuje njezin lik. Dolazeći i odlazeći iz pećine, u jesen popodneva na kraju se nije činilo ostavljajući Božju ruku još promišljenijom s ovom vizijom.

Nešto kasnije

Neki dan i sljedećih tjedana djevojka je ostala u svom pastoralnom radu. Istodobno je imao vizije čudne dame, njezina sina i anđela. Međutim, gospođa je ostala šutjeti, testirajući djevojčinu strpljivost i znatiželju.

Točno dva mjeseca nakon prvog pojavljivanja, napokon je priopćila:

"Benoite, ovdje sam jer te trebamo", otkrila je dama.

"Tko me treba i o čemu se točno radi? "Rekao je Benoite.

"Sile dobra. Vaša je misija na zemlji izuzetna. Zadatak će joj biti raditi na obraćenju siromašnih grešnika molitvama, žrtvama, pokorama, potičući ih da slijede put dobra, rekla je Majka Božja. "

"Jesam li stvarno sposoban za to? Ja sam samo faca i dosadna djevojčica - Analizirala je dijete.

"To je istina. U ovoj je ovojnici materijala sjajna duša. Po zasluzi, Bog, naš Gospodin, izabrao ju je kao nadu ovog sela i proširenja cijele Francuske. Ne odbijajte ovu posebnu milost - Napravio Bezgrješnu.

"Tko sam ja da odbijem? Učini se u meni prema svojoj riječi.

"Hvala Bogu! Drago mi je zbog tebe. Za sada vas molim da ljude vodite zauvijek. Ukratko je trideset bitnih zapovijedi za dobrog kršćanina. Obratite pažnju na svakog od njih - zamoli Djevica.

"Što su oni? "Pitao sam djevojku.

1. Voljeti Boga u svemu, prema sebi i prema drugima.
2. Nemajući zemaljskih ili nebeskih idola, Jahve je jedini vrijedan štovanja.
3. Ne izgovarajte uzalud sveto ime Božje niti ga iskušavajte; Niti mučimo one koji su se na njih već pozivali.
4. Rezervirajte barem jedan dan u tjednu za odmor, po mogućnosti u subotu.
5. Čast ocu, majci i obitelji.
6. Ne ubijte, nemojte povrijediti druge fizički ili verbalno.
7. Ne petljajte se, ne bavite se pedofilijom, zoofilijom, incestom i drugim seksualnim izopačenjima.
8. Ne kradi, ne varaj u igri ili u životu.
9. Ne dajte lažno svjedočenje, klevetu, klevetu, ne lažite.
10. Ne priželjkujte i ne zavidite tuđu robu. Radite na postizanju vlastitih ciljeva.
11. Budite jednostavni i ponizni.

12. Vježbajte čast, dostojanstvo i odanost.
13. U obiteljskim, socijalnim i radnim odnosima uvijek budite odgovorni, učinkoviti i marljivi.
14. Izbjegavajte nasilnu ovisnost o sportu i kockanju.
15. Ne konzumirajte bilo kakvu drogu.
16. Ne iskorištavajte svoj položaj da biste svoju frustraciju prelijevali jedni na druge. Poštujte podređenog i nadređenog u njihovim odnosima.
17. Nemojte imati predrasude ni prema kome, prihvatite drugačije i budite tolerantniji.
18. Ne sudite i neće vam biti suđeno.
19. Ne budite klevetnički i dajte prijateljstvu veću vrijednost jer ako se ponašate ovako, ljudi će se odmaknuti od vas.
20. Ne priželjkujte zlo drugih ili ne želite uzeti pravdu u svoje ruke. Za to postoje odgovarajući organi.
21. Ne tražite vraga da se savjetuje s budućnošću ili radite protiv drugih. Ne zaboravite da za sve postoji cijena.
22. Znati oprostiti jer oni koji ne opraštaju drugima ne zaslužuju Božji oprost.
23. Bavite se dobročinstvom jer otkupljuje grijehe.
24. Pomoći ili utješiti bolesne i očajavati.
25. Svakodnevno molite za sebe, svoju obitelj i druge.
26. Ostanite s vjerom i nadom u Jahvu bez obzira na situaciju.
27. Razmjerno podijelite vrijeme između posla, razonode i obitelji.
28. Radite na tome da budete vrijedni uspjeha i sreće.
29. Ne želite biti Bog pomičući svoje granice.
30. Uvijek prakticirajte pravdu i milost.

„Ako ih vi i drugi slijedite s predanošću, obećavam spas i sreću još uvijek na zemlji - sigurno blagoslovljeno.

„Obećavam vaše promatranje i njihovo propovijedanje. Imate dobru suradnju u meni. Kako se opet zoveš "Pitao je Benoitea.

"Možete me nazvati blaženom. Budi u miru jer sada moram preuzeti obveze ", objasnila je žena.

"Krenite u miru! "Poželjela djevojku.

U očima djeteta lijepa žena krenula je prema špilji s dječakom u krilu. Odmah je nestao. Bila je već noć i blažena sluga iskoristila je priliku da se odmori zajedno sa svojim stadom.

Loretova molitva

Neki dan je djevica ponovno prišla vidjelici tihog, slatkog i sjajnog lica. Kad se približila ručnom, pozdravila ju je sljedećim izrekama:

„Zdravo, o Gospodine posvećeni. Jeste li ispunili svoj zadatak?

"Da, moja majka. Tijekom svog vremena radio sam svoje obveze. Ovo mi je sve preteško. Ponekad se osjećam umorno od nošenja toliko odgovornosti u mladosti - požalio se Benoite.

"Osjećate li se umorno? Ovdje sam s božanskim maženjem da vam služim. Dođi i odmori se u mojoj halji - Djevica je ponudila.

"Hvala ti, majko moja", zahvali sluškinja.

Svojom nevinošću u djetinjstvu približavala se satima ležeći na plaštu blagoslovljene igre s djetetom Isusom. Ovo iskustvo nadilazi ljudsko razumijevanje. U ovom je trenutku Benoite osjetio komadić neba još uvijek živ.

Nakon kratkog drijemeža probudio se pokraj čudne dame. Zatim se razgovor nastavio.

"Naučit ću te malo moliti. Drago mi je što joj se moliš svaki dan.

"Spreman sam! Dijete je bilo na raspolaganju.
"Zove se Mala Loretova molitva. Morate se moliti ovako:
Gospodine, smiluj nam se.
Isuse Kriste, smiluj nam se.
Gospode, smiluj nam se.
Isuse Kriste, čuo sam nas.
Isuse Kriste, čuvaj nas.
Nebeski Oče koji je Bog - Smiluj nam se
Sine, otkupitelju svijeta, tko si ti Bog - Smiluj nam se
Duše Sveti, koji je Bog - Smiluj nam se
Presveto Trojstvo, da si jedan Bog - Smiluj nam se
Sveta Marija - moli za nas
Sveta Majko Božja,
Sveta Djevica djevica
Majko Isusa Krista,
Majko božanske milosti,
Čista majka,
Vrlo čedna majka,
Bezgrješna majka
Majka netaknuta,
Ljubazna majka,
Divna majka,
Majko dobrog savjeta,
Majko Stvoritelja,
Majko Spasitelja,
Carmelova majka i
Vrlo mudra djevica
Časna Djevice,
Hvalevrijedna Djevice,
Moćna Djevica,
Benigna djevica,
Vjerna Djevo,
Djevičanski cvijet Karmela,

Ogledalo pravde,
Budite sigurni u mudrost,
Uzrok naše radosti,
Duhovna posuda,
Počasna vaza,
Vaza odanosti,
Mistična ruža,
David Tower,
Toranj od slonovače,
Zlatna kuća,
Kovčeg saveza,
Vrata neba,
Jutarnja zvijezda,
Zdravlje bolesnika,
Pribježište grešnika,
Utješitelj stradalih,
Pomoć kršćana,
Zaštitnica karmelićanki,
Kraljice anđela,
Kraljice Patrijarha,
Kraljice proroka,
Kraljice apostola,
Kraljice mučenika,
Kraljice ispovjednika,
Kraljice djevica,
Kraljice svih svetaca,
Kraljica začeta bez istočnog grijeha,
Kraljica umiruje do neba,
Kraljice svete krunice,
Kraljice mira,
Nada svih karmelićanki,
V. Jaganjče Božji, koji oduzima grijehe svijeta
R. Oprosti nam, Gospodine.

V. Jaganjče Božji, koji oduzima grijehe svijeta
R. Čuo sam nas, gospodine.
V. Jaganjče Božji, koji oduzima grijehe svijeta.
R. Smiluj nam se.
V. Moli za nas, Sveta Majko Božja
R. Da bismo bili dostojni Kristovih obećanja.

Molite: Gospodine Bože, preklinjemo te da svojim slugama podariš trajno zdravlje duše i tijela; i da se slavnim zagovorom blažene Djevice Marije zauvijek oslobodimo ove tuge i uživamo u vječnoj radosti. Za ime Krista, Gospodine naš. Amen.

"Ja sam ga ukrasila. Kakav krasan mali momak! "Djevojci su se divili.

„Prekrasno! Volio bih da je naučite ostalu djecu u selu. Želim da to ponavljate svaki dan zajedno s ostalim pjesmama obožavanja najviših. Potrebni su nam vjernici angažirani za našu stvar. Mogu li računati na tebe? "Pitao sam lijepu ženu.

"Da. Uvijek, gospođo, potvrdio je Benoite.

"Drago mi je da jesi! Samo budi u miru! "Rekla je gospođa.

"Neka tako bude", rekao je seljak.

Čudna se dama udaljila nestajući kao i drugi put. Okolna misterija ostala je i nakon toliko dugog suživota. Međutim, instinktivno povjerenje pastora bilo je besprijekoran plod njezine vjere u Boga. Zato se kaže da moramo postati djeca da bismo osigurali nebesa.

Važna konverzija

Bilo je puno nevjerice u svjedočenju mlade žene o marijanskim ukazanjima. Jedna od tih osoba bila je ljubavnica djevojke, traljava žena bez interesa za religiju.

Jednog dana, namjeravajući istražiti činjenice, predvidjela je da će sobarica otići na teren skrivajući se iza kamena.

Nekoliko trenutaka kasnije, mlada je žena stigla s neposrednim pojavljivanjem majke Djevice.
"Dobro jutro, gospođo. Kako si?
"Ne baš dobro. Previše me grijeha na neki način. Primjer je vaša dama koja je skrivena iza kamena. Recite joj da više ne huli na Isusovo ime jer ako se nastavi ponašati ovako: Savjest joj je u užasnom stanju; ona mora činiti pokoru - rekla je majka Božja.

Prije ovih riječi grešnik je plakao i pojavio se pred njima. Čvrstim stavom obećao je:
„Obećavam da ću odustati i imati više vjere, gospođo. Žao mi je zbog svega ", rekla je gospođa Rolland.
"Na tebi je. A ti, Benoite, nastavi s apostolskim radom. Moje besprijekorno srce uvijek će te štititi i blagoslivljati. Mir i dobro! "Poželjeli ste.
"Hvala hvala! "Zahvalila djevojci.

Ukazanje se uzdiglo do neba prema obojici. Ovime se dvojac vratio kući potpuno transformiran. Ovo je odijelo bilo više čudo te blažene žene.

Ja sam Gospa

Vijesti o ukazanjima sve su češće dobivale razmjer u Francuskoj. Djevojčica je pozvana na sud pred magistrat svoje župe i nakon brzog razgovora zaključeno je istinitost njezinih podataka. U tom trenutku ostali nisu znali točno o čemu se radi ukazanju, pa je predloženo da je pitam o tome.

Na istom mjestu predstavila se i lijepa dama.
„Dobro jutro, dolazim vam zahvaliti na radu s djecom i drugima na Gospodinovim zapovijedima. Mnogo se plodova mora ubrati - primijetila je gospođa.

"Cijenim vaše povjerenje. U njezino ime vas pitam: Jeste li majka našeg dobrog Boga? Bio bih vrlo zahvalan ako biste mi rekli da jest, a mi ćemo ovdje sagraditi kapelu u čast - rečeno je Benoiteu.

"Ovdje ne treba ništa graditi jer sam već odabrao ugodnije mjesto. Ja sam Marija, Isusova majka. Nećete me vidjeti ovdje neko vrijeme ", zaključila je Mary.

To je rekao, nestao je poput dima. Mješavina tuge i osjećaja prošla je žilama našeg dragog sluge. Što bi se sada dogodilo? Ne bih mogao razmišljati o vašem životu bez prisutnosti drage majke.

Mjesec dana kasnije

Dugo očekivano okupljanje dogodilo se na strani Ribeire, na putu koji vodi do Lausa. Prešavši potok koji im je paradirao, slatka se djevojčica bacila pod noge Djevice.

"Oh, dobra majko. Zašto si me lišio radosti što sam te vidio tako dugo?

"Od sada ćete me vidjeti samo u kapeli u Lausu", rekla je naša sveta Majka.

"Ne poznajem ga. Kako da je pronađem? "Pitao je dijete.

"Popnut ćete se stazom prema brdu. Mjesto ćete prepoznati kad osjetite slatki miris ", objasnila je Mary.

"To je u redu. Obećavam da ću ići sutra. Sad ne mogu jer moram pasti ovce - tvrdio je Benoite.

"Znam, dijete. Nema problema. Čekat ću - Postalo je prosvijetljeno.

Mašući rukama na rastanku, naša je majka nestala među oblacima. Puna radosti, vidovnjakinja se pobrinula za svoj posao. Međutim, njegova misao nije proizašla iz primljene poruke. Kako je dobro bilo biti Marijina sluga!

Neki dan, rano, krenula je stazom. Pronalazeći snagu u svojoj vjeri, svaki njegov korak bio je nagrada u potrazi za svetom kapelom u kojoj bi upoznao svog voljenog prijatelja.

U ovom je trenutku osjećaj koji je nosio na prsima bio osjećaj mira, sreće i ispunjene misije. Marija je svom životu dala potpuno bogatu i novu dimenziju.

Došavši do Lausa, počeo je hodati amo-tamo tražeći signal. Napokon, čudo se dogodilo prije određene gradnje: skromna zgrada veličine dva četvorna metra. Kako su vrata bila odškrinuta, uspjela je ući. Naišao je na jednostavan okoliš obdaren gipsanim oltarom u kojem su bila dva drvena svijećnjaka. Na oltaru je bila draga majka koja je nosila neobjašnjiv osmijeh.

"Kćeri moja, marljivo si me tražila, ali ne bi smjela plakati. Ipak, usrećio si me što nisi bio nestrpljiv - primijetila je Mary.

"Hvala vam na komplimentu, gospođo. Gledajte, biste li htjeli da vam stavim pregaču pod noge? Previše je prašine! "Rekla je djevojka.

"Ne, dijete moje. Uskoro na ovom mjestu neće nedostajati ništa - ni odjevni predmeti, ni oltar od platna, ni svijeće. Želim da se na ovom mjestu sagradi velika crkva, zajedno sa zgradom u kojoj će biti smješteni stanovnici svećenika. Crkva će se graditi u čast mog dragog sina i mene. Ovdje će se obratiti mnogi grešnici. Pojavit ću se mnogo puta na ovom mjestu - najavila je Majka Božja.

"Graditi crkvu? Ovdje za to nema novca - Pronađeno je nevino dijete.

"Ne brini zbog toga. Kad dođe vrijeme za izgradnju, pronaći ćete sve što vam treba i to neće dugo potrajati. Siromašni će sve pružiti. Ništa neće nedostajati - prorečena gospođo.

"Čvrsto vjerujem u tebe. trebam li onda nastaviti? "Pitao je skromnu djevojku.

„Imam dva zahtjeva da vas zamolim: Prvo, neprestano budite nad grešnicima. Drugo, prestanite pastiti stada. Želim vašu punu predanost misiji usmjerenoj na obraćenje grešnika - rekla je Djevica.

"Što da kažem? Spremna sam za to. Budi u meni prema tvojim riječima - potvrdio je Benoite.

"Neizmjerno sam sretna. Uvijek ću biti u ovoj kapeli. Nastavite širiti moju pobožnost među ljudima - pitala je Isusova majka.

"Učinit ću to sa svom ljubavlju. Hvala ti, majko moja ", reče dijete.

„Ni za što, kćeri - ukazanje se dopisivalo.

Napokon, opraštajući se, Marija je bila odsutna. Sljedećih godina vijesti o ukazanjima proširile su se širom zemlje dovodeći sa svojim brojnim religioznim turistima u Laus. Čuda i blagoslovi stalno su se događali povećavajući vjerodostojnost činjenica.

Ebrun je bila biskupija čiji je Laus bio dijelom. Suočen s tim događajima, gradski je vikar napisao dijecezanskom biskupu objašnjavajući činjenice i zatraživši crkvenu istragu kako bi ih ispravno utvrdio.

Nekako nije pozdravio zahtjev jer osobno nije bio uvjeren u njegovu istinitost. Međutim, zbog svoje obveze, otputovao je u Laus s drugim emisarima kako bi ispitao slavnog vidioca.

Dana i vremena zajedno, sastali su se sa proscem. U odlomku razgovora možemo vidjeti ovo mjerenje.

"Nemojte misliti da sam došao ovdje da odobrim vaše snove i iluzije i sve neobične stvari koje govore o vama i ovom mjestu. Moje je uvjerenje i svi mi koji imamo zdrav razum da su vaši snovi lažni. Dakle, zatvorit ću ovu kapelu i zabraniti pobožnost. Što se vas tiče, sve što trebate je otići kući ", strogo je rekao biskup.

„Vaša Eminencijo, iako imate moć natjerati Boga da svako jutro dođe pred oltar zbog božanske moći koju je primio kad je postao svećenik, nije vam naređeno davati vašoj svetoj Majci i što joj volite ovdje raditi ", Rekla je kategorično.

„Pa, ako je istina ono što ljudi govore, moli je da mi pokaže istinu kroz znak ili čudo, a onda ću učiniti sve što mogu da ostvarim njezinu volju. Ali još jednom, pripazite da sve te stvari nisu iluzije i učinci vaše mašte da biste prevarili ljude. Neću dopustiti zlostavljanje i boriti se svim sredstvima nadohvat ruke - biskup je presudio.

"To je u redu. Molit ću - potvrdi vidjelica.

"Za sada ste otpušteni", zaključio je.

"Puno ti hvala! "Zahvalila djevojci.

Nakon djevojke ispitani su i lokalni župnik i svjedoci. Budući da su bili sami, biskup i njegovi savjetnici planirali su otići istog dana. Dok ga je olujna kiša prisilila da ostane još dva dana.

Posljednjeg dana devetnice napokon može vidjeti čudo koje je tražio. Žena po imenu Catherine Vial poznata u regiji po tjelesnom hendikepu trenutno je izliječena od predanosti Gospi od Lausa.

Time je crkveni proces uspješno završen. Na zahtjev Marije, na tom mjestu je izgrađena prekrasna Crkva koja je zamijenila kapelu. Ovo je bilo prekrasno djelo naše majke. Preko Lausa bila bi zaštićena i zaštićena cijela Francuska. Blago majci Isusovoj!

Kraj

www.ingramcontent.com/pod-product-compliance
Lightning Source LLC
LaVergne TN
LVHW020442080526
838202LV00055B/5309